PARALELAS CONVERGENTES
CONVERGING PARALLELS

ABRA
cultural

DEL VERBO Y SUS POROS

Héctor José Rodríguez Riverol

Observé que no adjunta instrucciones la
rotación de la hebra telúrica, esa hilandera
quejumbrosa que improvisa en su núcleo de
orfebres, donde la perla es sol y el mismo padre
impera cuando la luna oscila en su torno de
oscuridad ingenua.

Gana el saber que no fui muerto porque soy
cera y pábilo, y que otra vida sin cortezas me
importune en los quizases de barra y cantina,
de jarros fríos y grados de garganta inepta, de
ansia atroz y una pena de uva tinta que se
desgaja en el odre.

¡Cómo tan grueso es el muro del vagido
y cómo tan sordo es mi tonto y negado latir
sobreviviente!

No halla rueda el acero,
y el silbo enmudece
si pasa de largo el afilador de palabras.

Algo debiera sacudirme la colleja
cuando los astros no ocultan su ebriedad.
¿Acaso difieren sus maneras de mis huesos
púrpura?
Escancia este día que promete brozas y
charcos, los mil y un reproches, el desgobierno

de un alféizar poroso que no evita el granizo de
oprobios y bruma.

El aire es mejunje renegrido si no se adentra
la pupila en cuestiones de amorío polinizador,
de las fauces a las que hemos permitido que nos
devoren, del jamelgo al que echamos de comer
arterias en un abrevadero llamado corazón.

¿Qué hay en el intersticio de tu vientre
desnudo?
Hay rodeos,
erosión y líneas rectas,
hay conjetura,
suspenso y participio,
hay término y consonante,
hay arritmia,
compás,
naufragio y fe,
hay voces que no saben a nada
porque amordazadas están sus esquinas
en un callejón silente.

Si has caído en el tedio, notarás en tu piel la
escritura braille que direcciona la exactitud de
entrada al inframundo que hay en nosotros.

Arder es lo habitual en el pulso que me consume. Crepitan mis botas embarradas de sueños por unas sendas de alquiler, y las legañas del olvido siguen acaparando todas mis manías, quererte inclusive.

Toma este cáliz que el verbo nos confiere, rompe el cristal de mártir y traga sus astillas hasta que desangre el último crepúsculo de aflicción: rojo será luz.

Háblame de las llagas en los ojos de buscar abismos, de las vísceras que llenas de adjetivos serosos, del flagelo que nos amamanta la carencia.

Se ha derramado un poco de razón donde solo quedaban cartones. Ahora el rocío trae pétalos fluorescentes y cada andén es el usufructo incruento del pretérito al trasluz.

Viene el desplome a las siete y diez, pero no lo sustentan mis horquetas de mimbre. Su huella es orín de plomo que alude no conducir a ninguna frontera.
Todo parece crudo eclipse,
olas de negrura,

meandros de distopía que se transforman en panacea cuando resuellan erupciones en el crisol del mineral que nos fertiliza.

Provocar al viento es tarea de céfiros, exclaman los traumas del cadente fantasma rondador que confiesa: –¡*céfiros somos!*

No habrá redención por más que nos lavemos los pies en lides de anzuelos. Demasiado ayatolá en la penumbra que llaman certeza.

Zozobra esta lumbre que nunca fue desembarco,
   y sabe que allí,
   en el piélago del incierto,
quedará el deseo de cuanto podría esperarse, salitroso y apátrida.

En los labios hay fuego que nos priva de humedad y jarcias, quema lo que fue guarida de otra boca ígnea, boca que deambula por los pretéritos del hospicio anhelado.
   ¿Se escuchará su canto a orillas del fresno que bebe del lago de insomnio
   o nunca será pájaro su voz?

Quedan restos de luna en los inhóspitos arcos de luz, fortifican un nuevo sol de piel innombrable sobre mares de hiel madura, no sé si tersa.

¿Voy a buscarte entre colinas de un destierro voluntario o subes nadando a la bóveda irisada del cielo?

Hay un desierto en las encías de la promesa que nos hicimos.

¡Qué ingenuos!, pretendíamos sacar brillo a la pelusa de unos zancos con la trenza de obstinación deshilachada.

–Nota bene:
cada laminilla es un asterisco suspicaz, peones de ajedrez que tratan de sincronizarse a ambos lados de una herida disonante.

Camino con las sepsias de la mano para no ser recluso del miedo, réplica del absurdo que espanta al virio azul, tachaduras de un rosario al que no salen las cuentas.

Hemos elegido dónde yacer el aliento. La fortuna es maceración para otros capítulos; a dos pasos una risa encapuchada, sardónica, siniestra y ganadora, un pasaje inapelable al destino que nadie adapta a su entrecejo.

Regresa al orfanato la lobreguez inabarcable con el contoneo de invitarnos a pernoctar en un pecio que solo sustenta desgaste del sedimento marino –y unas monedas de azar para en remero que ya no fía el trasvase a landas oníricas–.

Tu abismo de piel imaginada es ráfaga de abrigo utópico que reina silencios, cautiverio en aras de las mansedumbres yermas, de pueriles galeras quizá navegantes, de aparecida digresión en la tinta sajadora del espacio vesperal, del envés coloreado en lo infinitesimal que se refleja desde el albo cristalino hasta el cielo que maniaté con alegórica sirga, el contrafuerte de una locura bajo sospecha, la draga impronunciable, el trajín del verbo que olvida lo iluso de sus rimas en una ventisca que se maquilla de perorata.

El mayor de los umbrales sopla para tumbar estos muros de paja.

Ondéame vertical en esta orgía de abalorios y llama peregrina a la gota extraviada que trajo el rocío.

Unas baldas nos cubren los omóplatos, pero su barniz sufre los ultrajes de la misma silueta decapante venida, quién sabe si de algún submundo donde se ignoran los significados. ¿No lo contiene tampoco esta fábula? Es detestable atreverme a preguntarlo mientras vaticinas lo peor de mí.

Todas las agonías se han dado cita a esta hora en los reflejos de la techumbre hilada que ya no guarece a los cuerpos yacientes y fríos.

Oteado por los búhos de la noche resulta extraño sentirse la estatua que soy.

Los senderos del hambre están llenos de peces con alas justo a un sorbo de la boca, a un espasmo de la cicatriz, adonde espera la diáspora inoportuna camuflada de tarde otoñal. Cualquier pisada conserva una historia, y el albor es un cuaderno de luces y sombras a estrenar.

Se genera otro invierno que muerde las arterias si no reinventamos incentivos, si no hayamos engranaje para estas caderas de pulso migratorio... Y toda mi respiración dentro de un aljófar.

Un atropello no es suficiente para abrir la cáscara y purgar lactescencia. Los disturbios del corazón son escoplos impulsados por un poco de suicidio de caracola que redunda en su espiral quimérica. Olvida pausar el armisticio y abrir franjas de herrerillo, sembrar melodías de horizonte algodonado, mimar el plumaje del reloj interno, avellanar el hastío a las polillas en su agujero perpetuadas, pasar el paño a la turbidez de los espacios
en los que somos albor del murmurio,
epicentro,
intermitencia,
trozos de dulía,
marcos de un desfiladero,
badenes paralelos al aullido de una cripta
que se reserva para lo que está por brotar arriba, en la superficie aún no irradiada.

Si el infinito es amarillo, lo es también mi palabrería absoluta. Mis versos son hurís y yo el remilgo apóstata de un profeta sin reinado celeste que trillar.

Los círculos dispersos de la ansiedad concéntrica nos adicionan en su incontinente trazo, tal vez aleatorio y no tejido de morfemas. La desnudez homínida está en curso, transcurre por el rastro de una colonia de letras en reata, pero no es serena.

No tengo respuestas a tanta incertidumbre, ornar es profesión para el necio y en sus cauces se adormece la retina para no verse las santas miserias, para coronarse, mezquina, el tajante deniego de amar.

Las entrañas reverdecen en su afán de aguzar plañideras en los turnos del lavadero. La bahía no llora pescado en su barroco parpadeo por servir resplandor transido en su bandeja salada, y el suspiro es un ángel de paso que nos usa de embarcadero.

De cada lugar llevamos tatuada su lontananza, y en la vereda de los labios atónitos un panal con tres salmos y al menos seis ruegos.

Tan solo quito las espinas y dejo que la lluvia
limpie hasta el último consuelo.
¿Y luego, qué?
Luego,
el estío,
que es abrazo de sol,
pues no espero más arrullo que su virtud de
pecado candente, sucinto, ebrio de lenitivos
para esquivar al perpetuo temor, hábil
titiritero, y sus cuerdas somáticas: un monstruo
que hunde en mi delirio los coágulos de
marioneta. Hoy no habrá réquiem por él. Hallé
una cancela de expurgue para el difunto que
gravitaba en el laberinto, pero adentro hay
otros mil disfrazados de infinito que prensan la
psique en su lagar de materia oscura, que
desovan renacuajos de fobia cernida en el
mosto gris de la almohada.

Fuimos sueño antes que pez
y cielo antes que hierba,
fuimos aire que devoró al pájaro
y astro que rieló de madrugada
sobre el grano maduro,
fuimos adjetivo del pretérito,
osario de palomas
que nunca llevaron mensaje alguno
y que anudaron sus lenguas

con la solitud del polvo.

Los húmeros no abrazan al trovador
cuando se descalcifican nuez y garganta
sedientas de poesía improvisada.

Define la realidad puntual de tus calimas
el rumbo convexo de una huella desperada
que quiere besar toda la tierra de una vez,
el desencuentro embebido
que nos apuñala la soberbia
despuntada por debajo del ombligo,
el aire que pasta brotes de sinrazón
en los estanques abandonados de la ira,
y este capricho remolcado
que se apellida rumor pereciente,
llámalo decadencia de mosaico,
llámalo adjunción remanente,
llámalo olamàll...
para mí siempre fue el ladrido vigoroso
de un acodo señalado
por el bucle
de las borrascas pasajeras.

Me despelleja la intención del aire que se
desbarata entre las cobas de tu castillo.

¿Qué será de nosotros y de la muesca espaciadora?, ¿serán naipes como el aspaviento marchito que inventa retiradas?, ¿serán voces de incerteza como nudos de pistilo?, ¿o mascletá que se encomienda al domador que hoy despertó fragmentado y cobarde? –habla más la peladura en las rodillas que cualquier rezo–.

Oración es multitud, búnker de escasos centímetros cúbicos donde juntar ochenta y seis mil millones de neuronas para hacer fogata donde el hielo nos desune, pero ¿cómo ha de subir a la cofa un tuerto y velar por estos mares infectados de saqueo y pillaje? La genialidad y sus intrínsecos elementos de locura y libre albedrío hallarán fermento elevado al cielo que se abre.

El poderío del trapecista no es misterio que resida en mimar la fina escarcha sobre la arboleda de oraciones.

Si depones tu repique de coces a ciegas iré a buscarte en mi Pegaso biplaza, viajaremos al realce bordado por la luz y te mostraré senderos anacrónicos de ágata y zafiro en sus flancos, la forja que retozan los ciscos premonitorios y cómo desempatar las cinchas del tragaluz para purgar treguas en el averno habitado.

Vociferar es un lujo que respaldan los ecos del acantilado, ¿cómo podría acrecentarme en otro lugar que no sea este? Me acuno en sus vías curvas sin la venia del lobo a brumas llenas. Sobra vicio en todo el espacio intravenoso que ocupa quererte. Los renglones se acicalan, por centenas, para soltar tizne en alguno de sus picos redomados.

Las horas pueden ser trincheras donde echar cal viva para detener su péndulo insaciable, y la nada es un gusano voraz que se diluye en la noche que somos, en halos de temblor.

Y cuando llega la barrunta como legiones al Partenón con el indiscreto objetivo de aleccionarme, lego estadía (amordazada ya por Decamerón) y echo a volar el lenguaje de los huesos calcinados; al comprender sus arrugas soy útero a la blanca luz ligado.

Arrasa superficies, cantinela de brasas, lecho de hollín a orillas de una boca con sed de mares, ruego apilado en las piedras del equívoco y el valle incrédulo sembrado de poemas sin tutor.

Las figuras en la neblina siegan las hectáreas
del rapsoda con su danza de olas risueñas,
impías; titila fronteras con aroma a cercanía y
las desintegra.

Quédate, sazón, a instancias del relámpago,
roza con las hebras del oído este fondo de trino
varado, agita el cuero de los entresijos para
hacer música de su sombra inasible,
y de fijar puntos al alba,
que sean suspensivos...

Las tardes movedizas se sumergen por sí
solas en el pliego de un destino deshojado.

La desnudez está servida en el orbe de unos
ojos vítreos incapaces de enmudecer cualquier
despedida ante la belleza de un pacto de vida y
muerte.

Se lucen mis duelos en un marco de fondo
plateado: el ósculo es tangente a quemarropa, y
en sus costados toda asignatura es corolario
indescifrable que perdura, incluso, por encima
del sofoco damnificado.

Desfallece el umbral que antecede a la
soledad. Mueve su ficha el aspirante a caballero,

quien discurre entre los charcos del abandono cuando desvaneces por las vías sanguíneas de una caverna desprotegida.

Alfil es caso fúnebre y Torre encubridor poco diestro –el tablero, estremecido, no muestra signos de la derrota que lo embalsama–.

Ser fuerte es el acorde que apuntala el escriba al que encomendaste batirse con la idea de no mirar el marrón profundo que lo niega, el instinto atado a un gruñido contraproducente. El globo (no sé si ocular o geofísico) es un enjambre de manías mal llamadas chiribitas. No da más la herrumbre duermevela que llevas de sombrero ni es ancha su ala, y aún menor su sombra, la que me preserva en sus nudillos un hosco arrumaco directo al mentón.

¿Por qué no me atas al sentido reverso de la prudencia?

Soy feliz
si tus zapatos hienden los tacones
en mi espina dorsal;
tendida dignidad
–como alfombra homínida–
en el candil de los jamases.

Hay tragedia pespunteada y reclamos de Ícaro, su límite es cera fundida en los aposentos de la eternidad.

¡Laureada sea la hiel de mi esbozo, aquella que decide postrarse ante las pecas del amanecer!

El margen deslucido de la noche congela el arroyo que nos amamanta, su secreto nos delata sin pasar el riel a los labios marchitos y bocabajo se consumen la náusea, el estrago y la aridez que denotan los poemas horneados a precio de ganga suicida. ¿Y si tratásemos de aunar el hechizo?

El mundo requiere versos de urgencia, rimas a sotavento sacralizadas desde el barro para hacer de cada palabra un truco de prestidigitador que se calce real, que de sus mangas emerjan suficientes ramas de mesura como para retardar el ocaso, que la curvatura de nuestra sonrisa se quede a vivir y no sea un trago apuntalado de sueño pasajero, un goteo de bilis estancada a destiempo por las grietas del fondaje en una tinaja distópica.

Con acritud inhumana se avejentan las puertas que nos conducen al infante que somos (adentro el destello innato), se solidifica la lejanía del lecho embrionario y amar es un vientre de lucerna al que dio esquinazo el marsupio aquel día que tu huella imborrable nos puso a prueba. ¿Es culpable cada letra enlazada que induce al inequívoco recorrido de humanizarnos?

Oh, infortunio del tumulto maquinal, gruta imantada que anexiona corazones de aserrín pisoteado por las botas de una hoguera premeditada... Y te quemas aún siendo aire mecido por el murmullo de los alisios.

Una cepa de aliento sortea jaurías de penumbra para declamar lo que teme la resonancia de los riscos: un nombre atemporal crecido entre matorrales.
Hay trozos de historia sombría en los saquillos del aprendiz,
    sangre lagrimada,
    fanales de mundo (no deglutidos),
cristalizada boquilla de un cigarro que inhala Dios, ausencia en la tierra que arrastran las horas nocturnas hasta cubrir el velorio de las estrellas en la mortandad de mis ojos estériles.

No recogerás pureza, Valquiria, tras el manto rojo cíclico de esta batalla infructuosa, tras las ondulaciones de un atisbo dirigido a la mandíbula del pecado más virginal, tras el escarceo de un trapecio con la ceniza que llevo entre versículos (mientras perdura el tiritar de melancolía en tus dientes). Su ataúd es balcón de multitud a altas horas, ciudadela para el ogro que aislarse refiere, pero no es más grande ni dulce el cielo allí donde lo busca el cenobita que se alimenta con cazuela de pesadumbre.

Zumba el desamor que se bosqueja en otro improperio: no prevén lluvias las raíces que vuelven a llorarse en regadío de secano intitulándose universales herederas.

Un réquiem solo devuelve adobe a la memoria, pero es pábilo encendido cuando el Sol cursa otros humos y, entonces, toma irreversibles cucharadas de fantasía a dos cachetes.

Se gesta el silencio de otro desafío sobre un estandarte de obscurecida pluma; mi cognición es averno de esquivos cuervos a los que solo apacigua la corriente invernal que tamborea en este sumidero de horas,

de noches,

de calles,

de estigmas,
de distancias...

Imagina pecios que custodian un apodo
impronunciable, imagina plantar voces en
miradas serenas, regarlas con los senos del –tan
efímero– conocimiento y cosechar infolios que
registren el cambio a pleamar, imagina un
torbellino de querencia empecinada, de
batientes abrazos que no juzgan las sombras de
acción o pensamiento, imagina el fundido de las
verjas que separan todo lo humanamente
imperfecto de nuestro rostro escuálido, de las
coces y singultos enfilados a coronarse en las
espinas de un acaso, de un siquiera, de un
cántico cruzado en la faz de lo imposible, y que
contempla cómo lo hacemos multiplicación que
prolifera en los territorios quemados.

El casco celeste ha vetado la estadía de las
aves, el suelo se encasta a sus patas de plomo, el
río plateresco solo empuja insípido azogue
hacia la sed furtiva que se desangra en su orilla.
¿Para qué elevan sus capas plumíferas? –se
cuestiona el necio ante lo adverso de quienes
fueron concebidos para volar–.

Los límites
son arcadas de torpeza
y subsecuente desvarío del pulso
en la terquedad de un ribazo
que desoye el chillido de su propio vómito,
retienen el aire,
maldicen tu boca,
influyen en la hora sonámbula de un deseo
con imanes de extenso fraude no desvivido,
es pasmo difuminador de sepsia
incandescente,
es rictus en el fango que se masticaba
extinto,
es umbría que fantasea
con hacer de su témpano más umbría
desangelada.

Y entre tantas paredes espejo, apilados los
cráneos laberínticos de todas las respuestas
que no conozco, las busco con un hacho de
esperanza que saqué de una carbonera de
sueños...
y nadie más,
solo mis doscientos seis huesos entumecidos
y la escasa luz del rescoldo
pueden escuchar cómo alguien pide auxilio,
mas no alcanzan a ver a su autor cardinal
de voz intermitente y agitada.

Resulta familiar. Su gemido es tormenta ahogada con el oxígeno del desencanto que transciende de cara a un tabique de escandaloso dolor para hacer de ello escalada zopetera, pues creo discernir ahora que quien emite el mensaje y quien lo recibe son un mismo ente.

Encuentro simetrías imposibles en los garabatos de tu cuerpo mudo, remansos de eternidad bajo las alas de un ángel que ha prometido no morir esta noche –juro que yo tampoco lo haré–.

Puedo rozar el corsé de tus palabras y confabular con las yemas del alma para construir con los ejes de tus caricias el mejor poema: una revelación esculpida por las ninfas del crepúsculo, un cáliz de excelso vino derramado en las aristas del que fuera invierno tejido y que hoy sucumbe al filo de la media luna, un carruaje lleno de intemperie tirado por el sino almizclero, por el amor que derrumba, por ambos o quizás por ninguno, un clan de árboles donde florece la tontura, un diluvio de fanfarrias y luciérnagas que se descalzan para no mancillar este espacio desnudo y mullido que erigió la utopía que me habita.

¿Escasean las cúspides cuando lo insalubre fermenta en la gracia de una paradoja invertebrada? ¡Su elixir macerado engorda mi vergel de ampollas rutinarias!

Lo desconocido tiembla en manos del oficiante que busca turno en la zozobra de otro relámpago, pero ¡yo soy ese relámpago que difiere del trueno atroz!

Podrá expandirse tu horda de esqueletos en las quinientas mil sombras que dan profundidad a mis costuras de montaña recosida, se podrá engendrar la costra impávida del olvido en la almohada tribal que lleva tu nombre, y entre tu nombre y mis flancos quedan llamas tropezantes, congoja y pantomima a granel, el dominio de un presente hueco para rellenar con un fénix de gramática.

Y otra vez tu nombre, siempre tu nombre como pisapapeles de la jaula que se hizo al bosque indefinido, su lenguaje es guijarro húmedo y hierba de solana. Nunca más migaja de barrotes, nunca más burdel de hastío que, de espaldas al cielo, llora noches y hace rugir a la neblina, que en estos plazos de vigilia parloteante aturden y disipan los candelabros de voluntad, aquellos que traen en los bolsillos primavera austral.

EL LUGAR DONDE NO SE DEBE VOLVER

Juan Calero Rodríguez

Cada uno lleva en el fondo de su alma una tragedia que se empeña en ocultar al mundo.

María Luisa Bombal

...acepto haber alimentado a un animal de uñas curvas...

Juan Carlos Mestre

Y mi alma es esa luz que ya no cabe en los candelabros...

Fernando Pessoa

1

Hermanos míos, yo estuve allí en medio de todo
y lo conocí como a mi propia vida. De donde
hubo manchas y un poco de cal, solo guardo el
miedo, la perfecta armonía del cisne o la colilla
en su intento.

Allá concuerdan las maderas, esas dosis de
geografía que bailan al calor de la fogata entre
alcoholes furtivos.

Ningún diálogo juega la forma de revelar
secretos. En la ruleta, nadie arriesga más
verdad mientras el guijarro resiste tan solo los
embates que no debemos escuchar.

Nadie vuelve de correr por la playa sin dejar la
piedra y su música convertida en fritos, la playa
siempre indica la dirección en un solo sentido.

2

Yo, no más que el balsero
hijo de mi padre, hijo también de estas islas
confieso que todo depende de repicar
el repicar de campanas y los dedos largos de la
noche

que se afanan por desconocerlo.
He aquí el reverso del agua, la corriente.
He aquí la oscuridad murmurante.
El grito extenso y lleno de sed viaja por
ciudades remotas
la hoguera de párpados tremendos confiesa
tener dudas
y el canto que no ha existido jamás
apenas un dedo de nada, vuelve
sin entender el extremo más ecuatorial del
destino.
El inmigrante no vuelve.
No es ventura resucitar con los bolsillos de
humedad.
Emigrar es nacer un poco más tarde
y todos estamos dispuestos a ser otro por
dejar de ser migrante
hasta rompernos los nuncas del que no quiere
morirse.

3

Sé que existí, pero no lo recuerdo. Cómo llegué
fue por decisión, hay decisiones para todo
las verdaderas, las que te arrancan,
son de una puñetera vez.
Me enfrenté contra los Cien Mil Hijos de San
Luis

y todo el mundo me señalaba.
El deseo siempre tan inquieto absorbe las
atrocidades
y pedí la palabra. Ninguna mía era suficiente
donde las murallas son muy altas
y nadie recuerda sus nombres.
No pretendía abrir puertas al paraíso
sólo defender mi verdad.
Como siempre, las adversidades se presentan
inoportunas. Se me amontonaron como peces
muertos durante las tardes del diluvio y nunca
nadie las espera.

4

Soy de esa multitud que nació cuando el sol
escondía sus miserias. El lado más brutal del agua
que se pierde como una daga entre un par de labios
abiertos en la hierba virulenta. En ti me queda el
octubre de nuestras hojas y perpetúo el incierto ras
de mar cuando me besas devorando hasta los
puntos suspensivos con mi instinto prohibido de
ángel sin alas.

5

Enmarcada como pájaro maldito la noche busca
certezas donde los mañanas. De poder

preferiría proclamas, aguas oscuras entre fermentos. Tan cobarde es, que decide dejar los brazos y al extraviado misal cuando no pueda la desnudez del viento, o no sienta más ardid por vacíos homicidas. Pero nadie reemplaza el terrible hartazgo de quimeras en otro hilván de magia, más por apariencias que por la humana mentira. Germen viviente de proezas, eso somos. Aquí el pálpito al fondo de la brasa y allá el aquejado grito del mundo.

6

Para llamar las cosas por su nombre debo explicarlo y no encuentro cómo. Explicar es digerir las huellas del olvido y no soy Ulises taponando los oídos sin discernir entre incienso y cerrojos.

Me enfrento a los presagios que únicamente conocen los elegidos, he barajado escaramuzas y no pocos intentos para verme frente a este espejo donde solo me alcanzo.

Guardé durante todos estos años mi supuesta necesidad y toca poner al desnudo el cariz de mis vetustos papeles.

Mi padre se rompía las manos para que yo fuera un hombre adherido a un credo igual a todos, y ya ven siempre andamos a medias.

Todos los dioses tienen un hijo bastardo, soy ese, sin dios, el impuro que juega con palabras hasta el cansancio.

No tengo más que ser el testigo de otro reino y después del par de copas asignadas estar vivo cuando muera.

7

Un día me negué al resto de mi vida tras parapetos de siglas inconexas que solo conocemos cuando estamos inmersos en ellas. Este acuartelamiento de algún encuentro fortuito, cada uno en su esquina de boxeador fracasado. Si compartimos nuestro hacer con el mismo cuerpo y nos alumbra una única lámpara, esa lámpara tiene una sola luz, no la veamos diferente. Si huimos de iguales dictaduras, rastros y muertes, hemos dicho libertad con las mismas letras y todo lo efímero termina cuando brilla la esperanza.

8

Todo es tan simple como romper el agua en dos. Cuando rondan las palabras sobre la mesa sin mantel es evidente el crujir de peldaños que invocan pasos malgastados.

Son rituales, con la aridez del celo.

Tras la ambigua profanidad de un par de oraciones sus relojes se cansan de repetir las mismas horas. La vieja brújula que convoca meses descubre una lejanía más allá del látigo donde brota una tarde entre los peores males del recodo.

Hoy nada será más fiesta que obstáculo de nuestras indecisiones.

A menudo somos juguetes hacia el infinito y nos abrimos en sombras o ráfagas donde sepultamos fábulas sin mitigar la sed de ciertas palabras.

Cada uno conserva sus propias tijeras y el ala sostiene los juegos del olvido.

9

El cansancio del azar no es antídoto al que ama
la vida,
sólo hojas negras y un trozo de pan sin
hambre.
Más allá del escondrijo de una verja
cualquier sombra es el incienso del
arrepentido.
Sea el consuelo desnudo por inútiles bocas
donde la resina late en abrazos.
Nadie es tras el imaginario respirar que fluye y
escucha su sombra como único alfabeto.
Entre ocasiones inútiles
apenas difiere el viento que dura el instante.

10

Me doblo ante esa agua por leyendas pasajeras.
No pretendo poseer la verdad como nubes
cuando puede ser solo arrabio entre mortales.
La verdad no es un cántico negado
más bien la moneda con que pagamos baratijas
a mirar el trastorno de cuanto pudo ser.
Ni teléfonos públicos para lanzar la queja al
mundo.

Nadie escucha lamentos, a nadie le interesa ser
relámpago saturado estrechando círculos
hasta el punto final. Apenas quedan durmientes para rieles donde
despertar mañana.

11

He dormido con el ojo abierto de los cansancios
y he olvidado la ruta prometida. Me parezco y
me padezco. Por eso pienso y deseo. Por eso te
pienso y deseo más aún. Sé que un día caeré
sobre mi propio pecho sin desvestirlo. Caeré
por aquellas cosas que no termino de
comprender como caerán mis pedazos
buscando el olvido. Pero nada llega al olvido
más que para invocar tu recuerdo. En cada foto
comienzo una vida negando los rumbos
asumidos.

Inútilmente descuartizo de aquellos ratos las
grietas del oráculo que suena como en río sin
corriente.

12

No culpo las distancias mientras no quepa un
olvido si somos dos hálitos buscando su

bocanada. Perdona mi reiterada adjetivación. El pan dejó de ser alimento hasta el límite de la demencia, aunque a diario volvamos a él. Tal vez desconozca lugares o la leyenda urdida entre manos dispersas. Pero ¿qué es un parque desolado sin una bombilla en la noche? Necesitamos máscaras para el largo monólogo en la fértil caricia tallada tras el vértigo.

13

Heme aquí, bohemio, a la intemperie por los caminos sin playas, en el país de las formas donde ahogo la respuesta a mis adeudos que de pronto manan sin cesar. Sí, regreso de ventas en lugar de mostrar las tablas del armario. Todo tiene su precio. Soy el ermitaño que vaga desnudo por cada palabra impronunciable. El transeúnte de una época tras la brisa de la sombra. La ceniza después de la ceniza.

14

Seguir pasos huele a infamia de llevar lejos el día que respira y extiende la palidez del cierzo más allá del destino. La elocuencia traiciona hasta las cábalas ausentes.

Vegetaciones que intentan subsistir en labios con sabor a olvido, apenas contra el mástil de la niebla y esos fatídicos arrojos en el estómago del pez.

Imperan falacias en ese otro lado para volver a la vida o el pan sobre la mano lamiendo el párpado de sal.

15

Me pides que me desnude como el niño que no para de preguntar, perdona si no puedo, no todo es tan magnífico como nos enseñaron. Entre tanto designio del oleaje uno no sabe, uno no ha aprendido a merecer otro viento. A diario los golpes de ventanas nos queman pulverizando la ceniza del hambre, a veces no basta con golpear la perenne huida del pez, también quedan pájaros tatuados al deseoso albedrío.

Te confieso, no sé quién reposa la niebla, quién ha perdido si el que indaga los ayeres donde revolvíamos espuma o el que incita a no ser triste entre tantos posibles. No soy alguien que se arrepiente tan fácilmente y ya ves me arrepiento de ser un arrepentido.

A pesar de todo, aún podré ser grito mudo donde reconozca viejas palabras, podré salvarme del canto de sirenas y alguna manía que lucimos como larga melena. Más, uno no tiene toda la vida para que se la emborronen en una cuartilla usada mostrando a desgano el estandarte de todos los orígenes, por eso vuelco el cuenco de las eternas obediencias sin aseverar el camino escogido cuando apenas ni soy el que quise.

16

Sueño a medianoche con cruces invisibles.
Sé que nunca he sido el deseado, el idóneo
para dar cuenta como estrella de la
constelación.
Vivo la realidad que no me pertenece
por indagar el buen augurio de la vida.
Acumulo edades como líquenes de regalo.
A mi costado la otra mitad del mundo
el cansancio tras los caminos resecos
y el arpa ya sin voz.
Un día dije que la voz solo resiste callada
pocas horas como liana enfebrecida.
¿Te has preguntado a dónde ha ido mi sombra
bajo qué árbol duerme su siesta
o cuántas callejas me han extraviado?

17

Dime Uriel, qué se siente durante tantos siglos.
A veces me pasa como a ti y me entran ganas
de dejarlo todo, no seguir pensando.
El corazón se empecina donde más duele
por los golpes del pasado.
Aprendemos a barajar todas las posibilidades
y miramos los años con despotismo.
No lo digo por alguna extraña razón
porque la razón cuando menos es extraña.
Total, cualquier familia tiene un condenado
lleno de cicatrices
que deforma la realidad de los sueños.
Nunca nos conocemos lo suficiente.
no es nada afortunado llevar el rostro prestado
o impuesto por un horóscopo civil.
La realidad es que todos somos piezas
difíciles de encajar.

Uriel, tú que eres el fuego de la vida
no olvides que el Minotauro también come
carne humana.
Te nombraría con tantos nombres que he
amado.
Te he amado en tantos sitios
que por pudor no nombraría.
Tú, en el cuerpo amado de Lázaro

sí, ya sé, hay muchos lázaros
pero tú llevas la cuenta de los actos.
No es de ocioso enmendar ilusiones, es decir,
rotas.
La edad limpia los linderos, la corriente
arrastra
y la noche nos enseña las cosas más terribles.

18

Autor de batallas napoleónicas
para qué sirven las aguas
te veo con las plumas mojadas por rumbos de
vuelta.
Te muestras, así, tan inocente, sin dar
testimonio
y dejas de ser el no reconocido más allá del
tiempo.
Si hemos tallado el pronóstico
con la misma suerte
de alzar muros
a quienes nada agradecen junto al fuego.
Defiende tu baza.
siéntate a escuchar esta viciosa retahíla
de mirar adentro del saco empedrado.
Los desafectos aplauden dignamente la
historia
que nos dan como verdadera.

Ni siquiera han dejado de machacar los
vendavales
que enterramos con el corazón en la misma
tumba.
Más, quién habla del polvo aherrojado
ni el héroe sobrevive a su paranoia.
La verdad a veces se enreda por vericuetos
más allá de cartas que no llegan.
No todos creen poseer el vellocino de oro
aunque alguno se lo cuelgue como medalla.
No en balde me acribillaron
por ser el testigo pendiente del convite.

19

No vuelvas con la cara cubierta de donde
mueren los elefantes.
Ya no tendremos el sosiego del nunca más
ni el corazón clavado por alguna tregua.
Las sillas de una isla son las paradojas que
duelen
y claman por los otros.
Son cuerpos inhabitados, apenas dioses
perseguidos por cualquier lamento.
Pero resulta extraño
y justifica las formas del regreso.

Harto de preguntar, no encuentro respuestas y
quisiera abandonar este corazón aterido.
A veces hasta por cansancio reconocemos que
el riesgo teme verse enfangado
así de repente, sin agotar aquellos problemas
que vamos resolviendo por la vida.

Si quieres, pongo mi voz en el cadalso de una
plaza con sed de lluvia
como confieso el sentir de una adolescencia
calando frente al mar.
Los amigos ya no son más que amigos
lanzando elogios por cuevas del mundo.
De cualquier manera,
nada de lo que sucede es infalible
desde la sombra de un aguacero
que no tardará en caer.

20

Allí donde mastica la púrpura rosa ¿quién
soporta obscenidad de grietas en el más allá de
los cantos?
Permítanme la repetición del agua ignorando
donde pernoctan las sequías.

La embestida de la urgencia nos hace ver como novatos pequeños chispazos que dejamos sobre piedras.

En mi vida, hubieran nacido témpanos entre panderetas a ese cristal dulcísimo de llevar sobre hombros cintas y liebres con aromas a cadmio.

Pero no, en el mar no todo es agua
hay granos de maíz por playas vírgenes.
En carretera no andan sueltos los favores
ni a nadie le importa morder las altas hierbas.

21

El desafuero no esconde ningún relincho al último diluvio.

Una vez me rendí al ladrido del deseo y me vi por laberintos desenredando razones que no comprendían ni las estrellas. Retumbaron graznidos tras las sienes porque el sonido incomoda y la dignidad apuesta sus porciones.

Ni tiempo tuve para despedirme entre tantas locuras. Cuando llega el momento ansiado uno no se mira ni los pies desnudos. O si va a morir

mañana, solo huir, que no es el huir
acostumbrado sino abrir la puerta. Me acusaron
de traidor, de amigo ido y no sé cuántas cosas
más. Algunos me pusieron trampas que luego
se disparaban sobre sí mismos. Se volvieron
escarabajos por no moverse del refugio. Y ya no
tienen piernas.

22

Destino, perro mío
por qué quieres salirte del pecho
si afuera todo es mortal.
Ábreme las puertas, soy el campanario
me quedo sin palomas.
He hablado de ti, pidiendo mordidas de peces.
Muchas veces hablo, como ahora
las campanas suenan tan dentro, oh alcatraz
que he rezado por la raza de los martes.
Escoge una larga pausa donde ahogar la rabia
invita a la lluvia por los charcos
desata remolinos, furias o caracolas.
Es la hora de levantar los oficios.
Bien sabes que el día con sus límites
se esconde por tus cabellos encendidos.
Perdona tal vez esta flaqueza
si digo «vuélvete, toma tu migaja
y sálvame de estas cuatro auroras boreales

pariendo en el ala del sombrero».
Poco importa ya la tibieza de alguna máscara
si canto sobre las paredes del silencio.
Seas tú, el mundo no es quemarse los dedos
improvisando un himno condenado
que dispersa sus cenizas
sin volcarse en otro nuevo testimonio.

23

A veces uno intenta desmarcarse de las formas
y no encuentra más que cuerpos atados.
Ahora que sobran embarcaderos se secan las
pilas donde lavarnos las manos. Lo he dicho
alguna vez y poco ha servido, el hombre se
resiste a beber del cáliz que como hojarasca
solo conoce los ángulos crujientes.

Uno, hilo de tantos nudos se imagina la sombra
próxima de los instantes y yace sordo a la
herrumbre. Se asoma a las ventanas por donde
tira cada olvido, recorre aquellos abandonos
somnolientos y se pregunta en qué momento se
volvió mañana, cuándo incendiar las esquinas
del Universo.

No bastan pretextos acusadores, cualquier madera cría sus propias larvas que se suceden como ánforas derrotadas y nos aferran a la vida.

24

La luz de los codesos y sus luces negras han sido enlodada conciencia de estatua en piedra bajo la leve sombra de las agujas, las deformaciones del viento y estos papeles sin sentido.

Me fui carcomiendo, como el vicio inocula su veneno arácnido, dulce enfermedad a vivir sin agua ni paz, donde crecen jardines de heliotropos, como se abre la tierra seca.

Todo comienza bajo un infante lunar de aire amarillo y queda enfebrecido de llagas, luego una epidemia en remolinos precipitándose al mar.

Prendí fuegos a la cosecha, tormentas de rayos celestes arrasando sombra de bosques, a comer palabras.

Como tonto he llorado una leve sombra en tu nombre, peligrosa felicidad, incurable, ante la

puerta principal. y me dejas imprevisto,
desnudo, pobre, sin ojos.

Sin mayor liberación que tus preces, amada
poesía, hasta dónde, has logrado hacerme.

25

Donde habitan duendes sobran espejos vacíos.
Este brindis no se sirve en periódicos ni en el
brillo fatuo de las estrellas. Todo comenzó
como comienzan los pactos tras la guerra en un
abrazo o en alguna de esas irrealidades que
traza el crepúsculo. El nuestro no tuvo testigos
ni fotos ni extraños arpegios solo aguaceros por
esas formas carentes de contenido. Tuvimos
que escabullirnos para no ser vistos como
peces. Nos amenazaron con el aullido de la vida
y aprendimos a amarnos en el bosque que atrae
tormentas. Muchas veces lo hicimos. Tu cuerpo
y el mío escribieron la misma suerte alargada
por los siglos. A la intemperie, desnudos.
Cualquier antojo no es ningún cántico negado
hasta la saciedad. Si en algo fuimos diferentes,
culpemos al designio de los dioses, ese algo tan
sutil como uno mismo.

26

Nunca diremos que hicimos para llenar el vacío con cosas cotidianas, si bebimos la obstinada tardanza por descolgar manantiales que vomitan la desnudez en infinitos peciolos al pairo o si solo ofrecimos ramilletes de brazos inútiles. Como ves, un cuadro sigue siendo una ventana y aquella foto la parálisis del tiempo donde la mudez prometió abrigar el retorno. Así defenderemos nuestra ira enmascarada por tantos azotes de inviernos hasta encontrar muerto el adiós bajo la lluvia en diciembre.

27

No importa que el hombre se comporte como un error si el horizonte es una línea finísima para dividir el mar y el cielo, las palomas extravían su nido y la mañana arde con la misma pasión que ayer o el año pasado.

Qué importa si el destino gusta de paradojas nadie guarda lo que tenía y el hambre hay que bebérselo de largos tragos.

Podrá la curiosidad acercarse hasta los ausentes en el límite de los siquiera habitados para dejar mi país como se deja a la amante a oscuras revolcándose llorosa insatisfecha y me comporto como eso como un error.

28

Y dígame, qué tanto vértigo da el vacío cuando nada sostiene las plumas mojadas. Pensemos en el ego de los pájaros sin alas, las palabras trascendiendo los caminos donde dejamos tardes encantadas a la infante humildad bajo el festín musical de la lluvia. Jeremías dice que ni puede el etíope mudar de piel ni perder sus manchas el leopardo. Guarde cada una de las certezas aprendidas y matricule los alambres del acróbata. Llámese y respóndase. Acerque las coordenadas donde el regocijo hace su cuento y burle de los arabescos, las voces vividas.

El hablante es un privilegiado y goza recrearse donde habitan los vidrios de colores. No nos condene el ritual. Los años es la madre de la exigencia la ingrávida memoria de los vientos mientras la soberbia se bebe nuestras acequias en su eterno deambular sin la fijeza de los ínferos.

29

Qué triste armar un rompecabezas de palabras inconexas, duele zurcir recuerdos, como asomarse a la ventana por donde entra el mundo. El sentido común interroga las tantas equivocaciones, los errores que perfilan la sutileza sin poder explicarse la imperfección del talento tan manoseado como esdrújula insatisfecha.

Bien que lo sé, el relincho se queja como un tambor anunciando otra contienda cuando llevamos en las manos un poco de desastre. Nadie escribe sus propias agonías, es más fácil hacerlo a los pies de esa infinitud de naufragios.

Y caminas por si tropiezas con otro futuro cuando los pasados agitan desprecios al viento.

Cuántos han roto una sonrisa por quien niega rituales preñados de gloria. El adverbio prendido a una máquina de jugar donde sabemos quién siempre gana como la puta más puta que espera le echen monedas por la ranura de la alcancía. Lo ha dicho alguien como tú o como yo el presente solo existe en la punta de

los labios, el ahora te abandona y se vuelve
porque vas de prisa sin soñar madrugadas.

Más, nadie reclamará tu última morada porque
no tienes argumentos con qué partirte el alma,
el camino son las piedras que esquivas, el
presente eres tú y no lo sabes.

30

Estoy hecho de cosas que olvidé por el camino
como la cicatriz que deja una lluvia
cuando corta el pan.
Mi sombra huye conmigo cada vez que borro
ciudades donde he querido volver.
Nunca volví desnudo de bosques
sin caballos ni cosas que detengan la
primavera.
La primavera es una niña que no cesa de jugar.
Un día me amé tanto
tanto como a la vida cuando se nos va.
Un día se me fue y corrí detrás de ella.
Aún corro, no quiero perderla tontamente
como un marino los horizontes.
Conozco muchas líneas de esas
cuando me enamoro se me abren.
El amor es un paragua que deja cicatrices
tras la lluvia o una lágrima.

Por eso defiendo a mi sombra
como a mi propia vida.

31

Y me quedaré tendido frente a la roca a ver si
levanta el vendaval.

Nunca tendremos pruebas suficientes para
demostrar la inocencia, ni alcanzan los motivos
para perdernos por esas historias de antes, las
de siempre, de cuando un reloj andaba de
manecillas jugando al escondite.

La realidad es algo distinto, piezas difíciles de
encajar.
Donde yacen los buitres disfrazamos cada
adversidad con la arrogancia del olvido.

Se necesitan nuevos respiros la frágil
reconciliación en medio del estruendo jubiloso
que ni siquiera yo imagino.
La decisión enluta donde yacen tardes
escondidas. Y tropezamos en el lodazal entre
bártulos inútiles por terrenos baldíos.

32

Nada es menos cierto ni perdura más allá de una mirada. Las piedras ya no son, se arremolinan y andan. Ciñe la penumbra y propaga silencios de caballo salvaje. Así avanza la palabra en cada palmo y nos mira la hierba que nace.

Cada uno es cigüeña donde crecen raíces
y las estrellas tañen viejas campanas
a ese lugar donde no se debe volver.

33

Donde siguen esperando respuestas temen lacerar el fuego de la palabra, pero nosotros no olvidamos, olvidar es la pérdida de la mudez frente al espejo: el sitio enfático que libran los ciegos y volvernos por una memoria tras restos del laberíntico cielo.

Todo sigue igual de noches vacías y calabozos repletos. Bajo las aldabas agonizan las viejas baldosas, aúlla el silencioso retablo de promesas donde retumbaron aquellos gritos de indiferencia. Un ejército fantasmagórico vuela sobre las cúpulas, no son águilas, sino sedientos pájaros por un capítulo dejado impune sobre atriles. Sus ojos husmean la catedral y no hallan pliegues. Así recuerdo el yelmo decapitado de un tiempo empalagoso por aquel brocal de verbos reverenciando los cuartones.

Y seguimos esperando respuestas.

ON THE VERB AND ITS PORES

Héctor José Rodríguez Riverol

English translation by
Lidice Megla.

I observed that the rotation of the telluric strand does not come with its own set of instructions attached; that whining spinner that improvises in its core of goldsmiths, where the pearl is a sun, where the same father reigns when the moon oscillates in its lathe of naïve darkness.

Know that death did not take me because I am but wax and wick; there is another life without barks in me. One of bars and canteens, of cold jugs and degrees in the inept throat, one with an atrocious craving and a sadness for that red grape tearing within the cask.

How thick is the wall of a wail!
As deafened and foolish as my heartbeat's denial!

Steel cannot find its wheel,
and the whistle goes silent when the Word Sharpener passes by.

I am shaken when the stars resist to hide their drunkenness.
Are their ways that different from my purple bones?

The day pours in with the promise of dead leaves and puddles, with a thousand and one reproaches under the porous windowsill withstanding the scorn of hail and mist.

The air is a darken brew when the pupil does not concern itself with matters of pollinating Love, when the jaws are allowed to devour that pouch of arteries, that watering hole we call heart.

What is there in the interstitials of your naked belly?
There is erosion and straight lines,
there is conjecture,
suspense and participle,
there are terms and consonants,
there is arrhythmia,
and compass,
shipwreck and faith,
there are voices that know nothing
because gagged are its corners in a silent alley.

If you have fallen into tedium, you will notice on your skin the braille writing directing the accuracy of entry to the underworld that is in us.

Burning is the usual thing in my pulse that consumes me. My muddy boots crackle with dreams on some rental paths, and the shades of oblivion continue to hoard all my hobbies, even loving you.

Take this chalice conferred by the verb in us, break the martyr's crystal and swallow its splinters until it bleeds into the last twilight of affliction: red will be the light.

Tell me about the sores in the eyes looking for abysses, of the viscera filling adjectives with serous, of the scourge that breastfeeds us nothingness.

A bit of reason has been spilled where only cardboard remained. Now the dew brings fluorescent petals, and each platform is the bloody usufruct of the past tense of light.

The collapse comes at ten past seven, but my wicker pitchforks cannot support it. Its footprints are but lead rust that alludes, leading to any border.
Everything seems to be a raw eclipse, waves of blackness,

meanders of dystopia becoming a panacea when eruptions dissolve in the mineral melting pot fertilizing us.

Provoking the wind is a zephyr's task, it cries out its traumas with its cadent, ghostly flute whilst it confesses: *–we are the zephyrs!*

There will be no redemption for us, regardless of how many times we wash our feet in the leftovers of the fishing hooks pales. Too many ayatollahs in the gloom they call, Certainty.

This foundering fire was never a landing,
it knows that there,
in the footstep of the uncertain,
remains, briny and stateless, the desire for what could have been expected.

On the lips there is a fire that deprives us of moisture, burns what was the den of another igneous mouth, mouth that wanders through the past of the longed-for welcome.
Will its song be heard on the shores of the drunken ash trees, the insomnia lake?
Will it ever be a bird?

There are remains of the moon in the inhospitable arcs of light, fortifying a new sun of unspoken skin over seas of mature gall. Of its softness, I do not know.

Should I look for you through the hills of a voluntary banishment or will you swim up to the iridescent vault of heaven?

There is a desert in the gums of the promise we made to ourselves.
How naïve!,
We intended to shine the lint of some stilts with the braid of frayed obstinacy.

–Nota bene:
each lamella is a suspicious asterisk, chess pawns trying to synchronize on both sides of a dissonant wound.

I walk with the sepsis of the hand so as not to be a prisoner of fear, replica of the absurdity that frightens the blue vireo, erasures of a rosary which beads cannot be counted.

We have chosen where to lie our breath. Fortune is but a maceration for other chapters; two steps away a hooded, sardonic, sinister, and winning laugh, an unappealable passage to fate that no one wears upon their brow.

The inexhaustible gloom returns to its orphanage with the promise of inviting us to spend the night in a wreck that only supports the wear and tear of the marine sediment –and some coins of chance for the rower that no longer trusts the transfer to oneiric lands–.

The imagined abyss of your skin is a burst of utopian embrace that reigns over silence, captivity for the sake of meek wastelands, of puerile galleys that perhaps were sails of digression appearing in the cutting ink of the vesperal space, prayer in the infinitesimal reflected from the crystalline pages of the sky that I frantically tied to a towrope of words, buttress for a madness under suspicion, the unpronounceable dredger, the craze of the verb that forgets the illusory of its rhymes in a blizzard of perorate.

The highest of thresholds blows to knock down these straw walls.

Fly me vertically in this orgy of trinkets! Call upon the stray drop that brings the dew.

Some shelves cover our shoulder blades, its varnish suffers the outrages of the same contorted silhouette, who knows if from some underworld where meanings are ignored. Are they not contained in this fable either? It is abhorrent to dare to ask while you predict the worst of me.

All the agony has come together at this hour in the reflections of the spun ceiling that no longer shelters the cold bodies.

Watched by the owls of the night, it is strange to feel the statue that I am.

The hunger trails are filled with winged fish just a sip from the mouth, a scar spasm, where the unwelcome diaspora camouflages and autumn afternoon awaits. Any footstep preserves a story, and the dawn is a notebook of lights and brand-new shadows.

Another winter that bites the arteries if we do not reinvent incentives if we do not manage to find shelter for these hips of migratory pulse. For all the breath contained in a dewdrop.

One run over will not be enough to open the shell and purge all latescence.

Heart disturbances are swoons driven by a heartbeat of conch suicide that results in its chimerical spiral. It forgot to pause the armistice and open swaths of blacksmith, to sow melodies of cottony horizon, to pamper the plumage of the internal clock, to countersink the weariness of the moths in their perpetuated hole, to pass the cloth over the turbidity of the spaces

in those who are at the dawn of murmur,

epicenters,

intermittence,

pieces of sweetness,

frames of a gorge,

parallel to the howl of a crypt,

which is reserved for what is about to sprout up, on the surface not yet irradiated.

If infinity is yellow, so is my absolute verbiage.

My verses are houris, and I, the apostate of a prophet without heavenly reign to thresh upon.

The scattered circles of concentric anxiety add to us in its incontinent, perhaps random, and non-woven stroke of morphemes.

Hominid nudity is ongoing, it passes through the trail of a colony of letters in reata, but it is not serene.

I have no answers to so much uncertainty, to ornate is a profession for the fool and in its channels the retina is numbed so as not to see the holy miseries, to be crowned, the petty, the blunt denial of loving.

The bowels, green in their eagerness to sharpen the mourners in the shifts of its launder. The bay does not cry in its baroque flicker for serving radiance in its salty tray, and the sigh is an angel of passage that uses us as a jetty.

From each place we carry its tattooed longing and on the sidewalk of the astonished lips, a honeycomb with three psalms and at least six prayers.

Just remove the thorns and let the rain wipe out the last consolation.
Then what?
Later,
the summer's heat,
that is the sun's hug,

for I expect no more lull than its virtue of
burning sin, succinct, drunk with lenitives to
dodge the perpetual fear, skilled puppeteer,
and its somatic ropes: a monster that sinks into
my delirium the clots of a puppet. Today there
will be no requiem for him. I have found a fence
for the deceased to purge, one that gravitated in
the labyrinth, but inside there are a thousand
others disguised as infinity pressing the psyche
in its dark matter, a spawning of phobia sifted
in the gray must of the pillow.

We were dream before fish
and heaven before grass,
we were air that devoured the bird
and star watered at dawn
on the ripe grain,
we were adjectives of the past tense,
pigeon
that never carried any message
and whose tongue they knotted
with the solitude of dust.

The humerus do not embrace the troubadour
when the Adam's apple and the throat are
decalcified,
thirsty for improvised poetry.

Define the specific reality of your *calimas*[1]
the convex course of a desperate footprint
that wants to kiss the whole earth at once,
the embedded disagreement that stabs us on
the hubris
out from under the navel
the air that grazes and bursts
of unreasonableness in the abandoned
ponds of wrath, and this whim
which is called perishing rumor,
call it mosaic decay,
call it a remnant adjunction,
call it *What You Will*...
For me it was always the vigorous barking
of a designated ado
by the loop
of the passing storms.

I am skinned by the intention of the air that
is debating between the walls of your castle.

What will become of us and the spacer
notch? Will they be cards like the withered
screeching that invents retreats? Will they be
voices of uncertainty, like knots of pistil? Or
mascletá[2] that prays to the tamer after waking
up fragmented, cowardly:

–the peeling in the knees speaks louder than any prayer–.

Prayer is a multitude, a bunker of a few cubic meters where to gather eighty-six billion neurons to make a campfire where the ice split us, yet how does the

one-eye-man climbs all the way to the top, and watches over these seas infected with plunder and pillage? Geniality and its intrinsic elements of madness and freewill will find ferment and elevate it to the opening skies.

The power of the trapeze artist is no mystery, it resides in pampering the fine frost on the grove of prayers.

If you stop the blind rattling of your lashes, I will go and look for you in my two-seater Pegasus, we will travel to the embroider of the light and there, I will show you the anachronistic paths of agate and sapphire on its flanks, the forging of the premonitory embers romping and how to unpack the webbing of the skylight to purge truces in the inhabited Averno.

Shouting is a luxury backed up by the echoes of the cliff, how could I increase it in another place other than this one? I cradle myself in its curved tracks without the wolf's veneer in full mists.

There is too much vice in all the intravenous space that occupies loving you. The lines are groomed, by the hundreds, to be released on one of its astute peaks.

The hours can be trenches where you can cast quicklime to stop its insatiable pendulum, and nothingness is a voracious worm that fades in halos of trembling into the night we are.

And at the arrival of the muddy waters, like legions to the Parthenon with the indiscreet objective of instructing me to stay put like a Lego, (gagged already by Decameron). I fly from the language of the calcinated bones to understand their wrinkles, I am uterus linked to the white light.

It sweeps surfaces, piles of ember, beds of soot on the banks of a mouth thirsty for seas, plea stacked in the stones of equivocation and the incredulous valley strewn with poems without tutor.

The figures in the mist mow the hectares of the rhapsody with their dance of laughing waves, ungodly; borders with the aroma of closeness disintegrating them.

Stay, then, at the behest of lightning, rub the threads of the ear in this background of stranded trill, shake the leather of the intricacies to make music of its unsatiable shadow,
and to set points at dawn,
may they become ellipses...

The moving afternoons dive on their own, into the spread of a leafless destination.

Nudity is served in the orb of vitreous eyes incapable of silence farewell before the beauty of a covenant of life and death.

My duels are shown in a frame of silver background: the oculus is tangent at point blank range, and on its sides every subject is an indecipherable corollary that endures, even, above the suffocation suffered.

The threshold that precedes loneliness is fainting. His chip moves the would-be knight, who runs through the puddles of abandonment when you vanish through the bloodstreams of an unprotected cavern.

The Bishop is a funeral case, and the Tower is a little dexterous cover-up –the board, shaken, shows no signs of the defeat that embalms it.

Being strong is the chord that underpins the scribe you entrusted to beat yourself with the idea of not looking at the deep brown that denies it, the instinct tied to a counterproductive growl. The globe (I do not know if ocular or geophysical) is a swarm of manias misnamed *chiribitas*[3]. The sleeping rust that you wear in a hat cannot longer bear it, nor is its wing wide, and even less its shadow, which preserves me in its knuckles like a sullen ridge sent directly to the chin.

Why don't you tie me to the reverse sense of prudence?

I am happy
if your shoes hurt your heels
in my spine,
an extended dignity
–as hominid carpet–
in the candle of the never.

There is tragedy in the claims of Icarus, his limit is molten wax in the chambers of eternity.

Laureate be the gall of my sketch! The one that decides to prostrate itself before the freckles of dawn!

The light-out margin of the night freezes the stream that feeds us, its secret betrays us without passing the rail to the withered lips consumed with nausea, the havoc and the aridity denoting poems baked at the price of a suicidal bargain. What if we tried to combine the spell?

The world requires verses of urgency, legions of rhymes rescued from the mud to make each word a trick of hand that fits real, from its sleeves shall emerge enough branches of restraint to delay the sunset, may the curvature of our smile stay and live, not like a propped-up drink of transient sleep, or a dripping of bile stagnant at the wrong time by the cracks of the anchorage in a dystopian jar.

With inhumane acrimony the doors that lead us to the infant that we are (inside the innate flash) is but the remoteness of the embryonic bed solidified, and love is a skylight belly to which the marsupium gave birth. That day your indelible mark put us to the test. Is every linked letter that induces the unequivocal journey of humanizing us guilty?

Oh, Misfortune of the machine's tumult, magnetized grotto that annexes hearts of sawdust trampled by the boots of a premeditated bonfire... And you burn, even when being air shook by the murmur of the *alisios*[4].

A breath strain circumvents packs of gloom as to declaim what the resonance of the crag fears: an atemporal name grown in thickets. There are bits of grim history in the apprentice's lap.
teared blood,
world barrels (not swallowed),
crystallized mouthpiece of a cigar inhaled by God, absence on earth that drags the night hours to cover the wake of the stars in the death of my barren eyes.

You will not collect purity, Valkyrie, behind the cyclical red cloak of this fruitless battle, after the undulations of a glimpse directed at the jaw of the most virginal sin, after the tingling of a trapeze with the ash that I carry between verses (while the shatter of melancholy endures in your teeth). Its coffin is a balcony of crowds at the wee hours, citadel for the ogre to isolate himself, yet it is not bigger or sweeter than the sky where the cenobite used to feed from a casserole of heaviness.

Heartbreak buzzes. It is sketched into another insult: the roots did not foresee the rains that returns to cry intuiting universal heirs.

A requiem only returns to adobe the memory, but it is lit when the sun takes other fumes and then takes irreversible tablespoons of fantasy.

The silence of another challenge is gestated on a banner of obscure pen; my cognition is Averno of elusive crows who are only appeased by the winter's current when you drum into this sinkhole of hours,
of nights,
of streets,
of stigmata,
afar...

Imagine wrecks that guard an unpronounced nickname, imagine planting voices in serene glances, watering them with the breasts of the– so ephemeral–knowledge and harvesting them in folios that record the change at high tide, imagine a whirlwind of stubborn cadence, of churning hugs that do not judge the shadows of action or thought, imagine the melting of the fences that separate everything humanly imperfect from our scrawny face to be crowned in the thorns of a chance, of a song crossing before the face of the impossible and contemplates how we can do a multiplication that proliferates in the most burnt of territories.

The celestial helmet has vetted the stay of the birds, the ground is embedded in its lead legs, the Plateresque River only pushes with its tasteless whip towards the furtive thirst that bleeds on its bank.

Why do they elevate their feather layers? –foolishness is questioned in the face of the adverseness of those who were conceived to fly–.

The limits
are arcades of clumsiness
and its subsequent pulses raving

in the stubbornness of a steep slope
that ignores the squeal of its own vomit,
they retain the air,
they curse your mouth,
influence the sleepwalking time of a desire
with the magnitude of an extensive fraud
that is out of hand,
it is a fading, astounding ascent of
incandescent sepsis,
it is rictus in the mud that was chewed,
extinct,
it fantasizes
with making its iceberg gloomier.

And amid so many mirror walls, the stacked
labyrinthine skulls of all the answers I do not
know, I look for them with an abed of hope that
I pulled out of a coal of dreams...
and no one else,
only my two hundred and six numb bones
and the low light of the ember
can hear that someone asking for help,
ut they do not get to see its cardinal author,
the intermittent and agitated voice.

Familiar, its moan is a storm drowned with
the oxygen of a disenchantment that transcends
the face of a septum of scandalous pain, only to

make it climb, I believe, I can discern now he who emits the message and who receives it are the same entity.

I find impossible symmetries in the doodles of your mute body, backwaters of eternity under the wings of an angel who has promised not to die tonight – I swear I will not either.

I can touch the corset of your words and confabulate with the buds of the soul to build with the axes of your caresses the best poem: a revelation sculpted by the nymphs of twilight, a chalice of exalted wine spilled on the edges of what was woven winter and that today succumbs to the edge of the crescent, a carriage full of weather pulled by the musky sinus, by the love that collapses, by both or perhaps by none, a clan of trees where vertigo flourishes, a deluge of fanfares and fireflies that are barefoot so as not to sully this naked and fluffy space that erected the utopia that inhabits me.

Are the cusps scarce in the unhealthy ferments, in the grace of an invertebrate paradox? Your macerated elixir fattens my orchard from routine's blisters!

The unknown trembles in the hands of the officiant who seeks his turn in the trembling of another lightning, but I am that lightning that differs from the atrocious thunder!

Your horde of skeletons can expand into the five hundred thousand shadows that give depth to my reclining mountain seams, you can engender the undaunted crust of oblivion on the tribal pillow that bears your name, and between your name and my flanks are tripping flames, grief and pantomime in bulk, the mastery of a hollow present to fill with a grammar phoenix.

And again, your name, always your name as paperweights of the cage that was made to the indefinite forest, its language is a moist pebble and lavish grass. Never again crumb of bars, never again brothel of weariness with its back to crying nights, roaring to the mist, in lapses of talking vigil stunting and dissipating the chandeliers of will, those that bring southern spring in the pockets.

1. Calima: n. a storm of dust in the Canary Islands region, originating from the Sahara desert. (haze)

2. Mascletá: pyrotechnic event characterized by the achievement of a noisy and rhythmic composition that features, particularly during daytime.

3. Chiribitas: n. spark
Idiom. to be hopping mad.

4. Alisios. n. maritime, nautical trade vientos alisios - trade winds.

Source: Merriam Webster Dictionary

THE PLACE WHERE YOU SHOULD NOT RETURN

Juan Calero Rodríguez

English Translation
Lidice Megla.

Each of us carries in the bottom of the soul a tragedy we insist on hiding from the world.

Maria Luisa Bombal

... I admit having fed a curved-nailed animal...

Juan Carlos Mestre

And my soul is that light that no longer fits in the chandeliers...

Fernando Pessoa

1

My brothers, I was there amid everything, so I got to know it as I know my own life.
From where there was stain and some lime, I only kept fear, the perfect harmony of the swan, or the stub in its attempt.

Over there, the woods acquiesce, those doses of geography dancing to the beat of campfires amid furtive alcohols.

No dialogue can conjure a form to reveal all secrets. In the Roulette, no one risks pointing the truth while the ball resists the pounding we should not hear.

No one comes back from running in the beach without leaving the pebble and its music turned into fritters, the beach only shows the way in one direction.

2

I, a *Balsero,* and nothing more than a *balsero,*
and my father's son,
also, son to these islands hereby confess, that everything depends on the

tolls of the bells and the long fingers of the
night
resisting to heed them.
Behold the reverse side of water, the current.
Behold the murmuring darkness.
Its vast, unquenchable cry traveling across
remote cities,
a tremendous bonfire of eyelids confessing to
having doubts, and the song that never existed,
returning
without having understood the most
equatorial end of Destiny.
The immigrant does not come back.
It is never lucky to resuscitate with moisty
pockets.
To emigrate is to be born a little later
and we are all willing to become someone else
to cease being an immigrant,
that is; only when we manage to break all the
Nevers in the other you refusing to die.

3

I know I existed, but I cannot remember it.
How I got here was by decision, there are
decisions for everything.
The true ones are those that tear you darned
good, once and for all.

I faced the One Hundred Thousand Sons of St. Louis
and everyone pointed at me.
Desire, the ever restless absorbs atrocities so, I asked for the floor.
No word of mine seems to be enough where walls rise tall, and no one remembers their names.
I was not trying to open doors to Paradise, merely defending my truth.
As always, adversity is unwelcome. They pile up on me like dead fish during the evenings of the flood while no one ever expects them.

4

I am that multitude that was born when the sun was hiding its miseries. Water's most brutal side when is lost like a dagger between a pair of open lips in the virulent grass. In you, I find the October of our leaves. I can perpetuate the uncertain seashore when you kiss me devouring even the ellipsis of my wingless angel's instincts.

5

Framed like a cursed bird, the night seeks certainties in the mornings. I would prefer proclamations of power, dark waters amidst ferments. So cowardly is he, that he decides to leave his arms and misplace the missal when he cannot feel the nakedness of the wind or see the ruse of homicidal voids. But no one can replace the terrible tiredness of the chimeras for another thread of magic, more on account of appearances than a humane lie. A living germ of prowess is what we are. Here, the heartbeat at the bottom of the ember and there, the afflicted cry of the world.

6

To call a spade a spade I must explain it and I cannot find how. To explain is to digest the traces of oblivion and I am not Ulysses plugging the ears without discerning between incense and bolts.

I face the omens that only the chosen ones know, I have shuffled scribbles and a few attempts to see myself in front of this mirror where only I can reach myself.

I hid away my need during all these years, it is time to lay bare the face of my old papers.

My father broke his hands so that I would be a man attached to a creed equal to all others, but as you can see, we are always halfway there.

All gods have a bastard son, I am that one, without a god, the impure one who plays with words ad nauseam.

I have nothing more than to be witness to another kingdom,
and after the assigned couple of cups to remain when I die.

7

One day I refused to live the rest of my life chasing after parapets of disjointed acronyms that can only be known when one is immersed in them.

This quartering of some fortuitous encounter, each in its failed-boxer corner. If we share our work with the same body and we are illuminated by a single lamp, that lamp has only one light, let us not see it differently. If we flee the same dictatorships, follow the same traces, and die the same deaths, we have written freedom with the same letters, then everything ephemeral ends when hope shines.

8

It should be as simple as breaking water in half. When words hover over the table without tablecloth, the creaking of steps indicates that the wasting of steps is evident.

They are rituals with the aridity of jealousy.

After the profanity of an ambiguous couple of sentences, the watches tired of repeating the same hours. The old compass that summonses the months discovers a remoteness where an afternoon springs up amongst the worst evils of the bend.

Today will be nothing more than an obstacle to our indecisiveness.

We are often toys drifting towards infinity, opening in the shadows or bursting where we bury the fables without quenching the thirst for certain words.

Each retaining its own scissors while the wing
holds games of oblivion.

9

Tiredness of chance is not an antidote for the
life-lover, but only black leaves and a piece of
bread without hunger.
Beyond the hiding place of
any shadow, the incense of the repentant.
May there be consolation for the useless
mouths in the embraces of beating resin.
No being is beyond the imaginary breathing
that flows and listens to its shadow as the only
alphabet.
In useless occasions
that lasts the instant, the wind hardly differs.

10

I bend before that water amid passing legends.
I do not claim to possess a true soft as clouds
when it can only be cast iron amongst mortals.
Truth is not a denied chant rather the currency
to pay for our trinkets
to look at the disorder of what could be. Nor is
it a payphone's hotline to file your complaints
to the world.

No one listens to complaints, no one is interested in being lightning, being saturated with narrowing circles to the end point. There are hardly any sleepers left on the rails to wake up tomorrow.

11

I have slept with the eye of exhaustion open and forgotten the promised route. I look and I suffer. That is why I think and desire. That is why I think of you and desire you even more. One day I will fall upon my own chest without undressing it. I will fall for those things I fail to understand, my pieces will fall looking for oblivion. But nothing comes into oblivion other than to invoke your memory. In each photo, a life starts, denying the directions assumed.

To no avail I dismember away into those times when the cracks of the oracle sound like a river without current.

12

I do not blame distance if forgetfulness does not fit into it, if we remain as two breaths searching for the same gust. Forgive my repeated adjectives. Bread ceased to be food to the limit of dementia, although we return to it every day. Perhaps you do not know the place, or the tale concocted by scattered hands. But what is a desolate park without a lamp at night? We need masks for the long monologue in the fertile caress carved after the vertigo.

13

Here I am, the bohemian out in the open, on the roads without beaches, in the country of forms whereby I drown the answer to my debts that suddenly run incessantly. Yes, sales return instead of displays for the content of closets. Everything has its price. I am the hermit who wanders naked for every unpronounced word. The passerby of an era behind the breeze of a shadow:
Ash after ash.

14

The following of steps smells like infamy enduring the day when it breathes and extends the paleness of the north wind beyond its destination. Eloquence can betray even the absent cabalas.

Like vegetation trying to subsist on lips that taste of forgetfulness, barely against the mast of the fog and that fateful daring in the stomach of the fish.

Fallacies prevail in that other side to be able to return to life, or in the bread on the hand licking the eyelid of salt.

15

You ask me to undress like a child who does not stop asking, forgive me if I cannot, not everything is as magnificent as we were taught. By the beating of the swell one has not learned to deserve another wind. Every day the blows of windows burn us pulverizing the ashes of hunger, sometimes it is not enough to hit the perennial flight of the fish, for there are birds that end up being tattooed by the grace of the same free will.

I confess, I do not know who makes the fog rests, or who has lost, or who investigates yesterday, where we used to stir the foam, or who incites not to be sad amid the abundance of possibilities. I am not who regrets so easily, but you see, I regret being repentant.

Despite everything, I can still be the mute cry that recognizes old words, I can save myself from the singing of sirens and the mania that we wear like a long mane. Yet, one does not have all his life to allow it to be scribbled upon like a used page reluctantly showing the banner of all origins, so I spill over the bowl of eternal obedience without asserting the chosen path for I am hardly the one I wanted to be.

16

I sleep at midnight with invisible crosses.
I know I have never been the one I wanted to
be, the right me
to account for as a star of the constellation.
I live in a reality that does not belong to me
for inquiring into the good omen of life.
I accumulate ages like gifted lichens.
Next to me, the other half of the world,
Tiredness, after the parched roads
and a harp already voiceless.
One day I said that the voice only resists quietly
for a
few hours as a festering liana.
Have you ever wondered where has my shadow
gone?
Under which tree does it nap,

or how many alleys have I missed?

17

Tell me Uriel, how does it feel like after so many centuries?
Sometimes it happens to me too, and I feel like leaving everything behind, to stop thinking.
The heart is stubborn where it hurts the most by the blows of the past.
We learn to shuffle all the possibilities and we look at the years with despotism.
I do not say this for some random, strange reason but
because reason is strange to the least.
In any case, every family has a convicted full of scars
to distort the reality of dreams.
We never know each other well enough.
It is not lucky at to walk around with a borrowed face
or one imposed by a civil horoscope.
The reality is that we are all pieces difficult to fit.
Uriel, you who are the fire of life do not forget that the Minotaur also eats human flesh.
I would name you by so many names that I have loved.

I have loved you in so many places that out of
modesty I would not name.
You, in the beloved body of Lazarus
yes, I know, there are a lot of Lazarus
but you keep an account of the acts.
It is not for the idle to amend illusions, that is,
broken ones.
Age tends to cleanse the boundaries; the
current drags them, and the night teaches us
the most terrible things.

18

Author of Napoleonic battles, tell me,
what are the waters for?
I see you wet your feathers on the way back.
Thus, you show yourself, so innocent, and
without bearing witness you cease to be the
unrecognized beyond time.
We have carved the forecast in the same
fashion, we raise walls
for those ungrateful seating by the bonfire.
Come, defend your wall.
Sit and listen to this vicious rehash,
come to look inside the cobbled sack.
The disaffected applaud with dignity the part
of history they give to us as the truth.

They have not even stopped crushing the gales
we bury together with our hearts, in the same
grave.
Besides, who talks about the rusty dust,
not even the hero survives his paranoia.
The truth is sometimes entangled with twists
and turns,
beyond letters that never arrived.
Not everyone thinks they own the Golden
Fleece
although some do wear it on their chest like a
medal.
No wonder I was gunned down for being the
pending witness at the summons.

19

Do not come back with your face covered from
the place where elephants die.
We will never have the peace of mind of the
never again
nor the heart nailed by some truce.
The chairs of an island are the paradoxes that
hurt
and cry out for others.
They are uninhabited bodies, merely gods
persecuted by anyone lament.

But it is strange, hence it justifies the forms of
return.

Tired of asking, I find no answers and would
like to leave this grounded heart.
Sometimes even out of tiredness we recognize
that risk fears being muddied so suddenly,
without exhausting those problems we try to
solve for life.

If you want me to, I can put my voice on the
scaffold in a thirsty- for -rain square with the
ease I confess the feelings of an adolescence
plunging into the sea.
Friends are no more than friends throwing
praise across the caves of the world.
Either way,
no happening is infallible
whereupon the shadow of an imminent
downpour.

20

Hereupon, where the purple rose is chewed,
who shall withstand the obscenity of the cracks
beyond the cries?
Allow me the repetition of water and ignoring
the place where droughts stay.

The onslaught of urgency makes us see the sparks we left on the stones through the of the inexpert.

If only icebergs had grown between tambourines during my lifetime, unto that fine glass that so sweetly carries upon its shoulder ribbons and hares with the aroma of cadmium.

But not everything is water in the sea,
there are also grains of corn in pristine beaches.
By road, favors do not run loose,
nor does the mind bit the tall grass.

21

Despair did not protect the neigh from the last deluge.

Once I gave into the barking of desire, I found myself in darken labyrinths trying to untangle reasons that not even the highest stars would understood, they rumbled squawking behind the senses; such sound becomes uncomfortable when dignity bets against its portions.

I did not have time to say goodbye amid the madness. When the desired moment comes, one does not look at oneself or at one's bare feet. If you are going to die tomorrow, just run away, which is not the usual running away, only an opening of the door. I was accused of being a traitor, the friend gone, and so much more. Some set up traps for me that later shot at themselves. They became beetles from not moving out of the shelter. And they do not have legs anymore.

22

Fate, my old dog,
why do you want to get out of the chest,
if outside everything is deadly?
Open your doors to me for I am a bell tower
running out of pigeons.
I have told them about you, asking for fish
bites.
Many times, I speak, as though the bells were
ringing inside, oh Alcatraz,
I have prayed for the race of the Tuesdays.
Choose a long pause whereupon rage can be
drowned,
make the rain fall through the puddles,
unleash swirls, furies, or conch shells.
It is time to reveal all crafts.

You know the day with its limits hides in your
burning hair.
Forgive perhaps this weakness
if I say "turn, take your alms and save me from
these four northern lights rising on the bridle
of my hat."
Little does it matters if I sing anymore for the
lukewarmness of some mask, for I sing on the
walls of silence.
Be as it may, the world is not about burning
your fingers while improvising some doomed
hymn among scattered ashes without it
pouring itself into a new testimony.

23

Sometimes one tries to disassociate oneself
from all the forms only to find nothing but tied
bodies.
Now that there are plenty of places to duck, the
water tabs had dried up. I have said it once and
it has served little purpose, man refuses to
drink from the chalice, that like leaf litter, only
knows the crunchy angles.

Like a thread of many knots, one imagines the
shadow of the moments and lies upon it
deafened by the rusting happening. One looks

out the windows, hoping to throw away every oblivion, walking through those drowsy delusions, one wonders at what point did it turn into tomorrow, when to set the corners of the Universe on fire.

Enough with the blaming and the pretext, any wood can grow legions of larvae clinging to life like defeated amphoras.

24

The light upon the codices, darken shades reflecting on the stone like a sentient statue under the shadow of the needles, deformations painted by the wind onto these meaningless papers.

I was corroding inside, like vice inoculating its arachnid poison, sweet disease of subsisting without water or peace, where the heliotrope fields grow while the earth opens.

It all starts with a pale, lunar infant of yellowish air who is feverish with sores until the epidemic's swirls rush into the sea.

I set the harvest on fire, storms of celestial rays sweeping away the shade of the forests to eat words.

As a good fool, I have cried in your name, it is a dangerous kind of happiness, incurable, standing at the front door where you leave me naked, poor, eyeless.

With no greater liberation than your preces, beloved poetry, how far and wide you have managed to take me.

25

There are plenty of empty mirrors where goblins live. This toast is not announced in the newspapers nor is served under the fatuous glow of the stars. It began as all pacts, after the battle of a hug or in one of those realities traced only by twilight. Ours had no witnesses or photos or strange arpeggios only downpours for those contentless shapes. We had to sneak away so as not to be seen as fish. We were threatened with the howler of Life, so we learnt to love each other inside the forest that attracts storms. Many times, we did. Your body and mine wrote the same fate elongating for centuries. Out in the open, naked. Any craving was a chant denied ad nauseam. If we were in any way different, let us blame the design of the gods, something as subtle as oneself.

26

We shall never reveal what we did to fill the void with everyday things, if we drank from the stubborn tardiness to be able to quench from springs of nudity becoming petioles all at once, or if we only embraced empty bouquets of arms. As you well know, a painting is a window and that image, a paralysis of time where muteness promised to shelter return. Thus, we will defend our anger masked by so many winter whippings until we find farewell lies dead under the December rain.

27

It does not matter that men behave like a mistake does, when the horizon is a fine line dividing sea and sky, when the pigeons misplace their nest and the morning burns with the same passion as yesterday or last year.

What does it matter if fate likes paradoxes, if nobody keeps what they had, and hunger has to be taught to take long drinks.

Curiosity can approach the absentees on the verge of becoming uninhabited, on the edge of leaving one's country as one leaves the one you love in the dark wallowing tearfully dissatisfied, then one behaves like a mistake, too.

28

And tell me, how much vertigo the emptiness produces when nothing holds the wet feathers. Think of the ego of the wingless birds, the words transcending the paths where we left enchanted evenings to the infant humility under the musical feast of the rain. Jeremiah says that neither the Ethiopian can change skin nor lose his spots the leopard. Keep each of the learned certainties and jump on the acrobat's line. Ask and you shall receive. Approach the coordinates where the rejoicing makes its tale and mocks the arabesques, the enliven voices.
The speaker is privileged and enjoys recreating where the colorful glasses inhabit. Do not condemn the ritual. Years are the mothers of demand, the waterless memory of the winds

while our pride drinks up from our cups in its eternal wandering while making fun of all the voices you have lived through.

29

How sad to put together a puzzle of disjointed words, it hurts to smell memories, like peeking out the window through which the world enters. Common sense interrogates the many mistakes, the mistakes that outline subtlety without being able to explain the imperfection of talent as if hand-picked, as if unsatisfied.

Too well I know that wail, its complaint sounding like a drum announcing another contest once we have in our hands a little disaster. No man can write his own agonies at the foot of that infinity of shipwrecks.

And you walk in case you stumble upon another future when the past stirs contempt in the wind.

How many have broken a smile for those who deny rituals pregnant with glory. The adverb ignited to a gaming machine where we know who always wins like the greatest whore waiting to throw coins down the piggy bank slot. It has been said by someone like you or me the present only exists at the tip of the lips, the now abandons you and returns because you go in a hurry without dreaming early mornings.

Moreover, no one will claim your last abode because you have no arguments with which to split your soul, the way are the stones that you dodge, the present is you and you do not know it.

30

I am made of things I forgot along the way
like the scar left by rain
when you cut the bread.
My shadow flees with me every time I erase
cities where I have wanted to return.
I never came back naked from the forests
no horses or things to stop spring.
Spring is a girl who keeps playing.
One day I loved myself so much,
as much as life when is about to leave us.
One day she left me, and I ran after her.
I still run, I do not want to foolishly lose her
like a sailor the horizons.
I know a lot of those lines.

when I fall in love, they open to me.
Love is an umbrella that leaves scars
after rain or a tear.
That is why I defend my shadow
as if it were my own life.

31

And I will be lying in front of the rock to see if
the gale lifts.

We will never have enough evidence to prove
innocence, nor will we have the reasons to lose
ourselves to those stories of the old, the usual
ones, when a clock was running out of hand
playing hide and seek.

Reality is quite different, difficult pieces to fit
together.

Where the vultures lie, we disguise every
adversity with the arrogance of oblivion.

New respite is needed for the fragile
reconciliation amid such jubilant rumble that I
cannot even imagine it.

Decision mourns where hidden afternoons lie. And we stumbled in the quagmire between useless barbs, through wastelands.

32

Nothing is less true, nor does it endure beyond a glance. The stones are no longer, they swirl and walk. It constrains the gloom and propagates with wild horse silences. Thus, the word advances in every span and the newly born grass stares at us.

Each is stork where roots grow
and the stars ring old bells
for that place where you should not go back.

33

Where they are still waiting for answers, they are afraid to lacerate the fire of the word, but we do not forget, to forget is the loss of the muteness in front of the mirror: the emphatic place that the blind fight and turn for a memory after remains of the labyrinthine sky.

Everything remains the same raw of empty nights and packed dungeons. Under the *aldabas* the old tiles agonize, the silent altarpiece of promises howls where others cry and indifference rumbles. A spooky army flies over the domes, they are not eagles, but birds thirsty for a chapter left unpunished. His eyes sniff the cathedral and find no folds. Thus, I remember the beheaded helmet of time cloying by that well of verbs reverencing the quarters.

And we are still waiting for answer

Lidice Megla is a Cuban Canadian author and literary translator who resides in British Columbia, Canada. She is the writer of five books of poems and the winner of several poetry awards including, the international poetry contest, "El mundo lleva alas" (2018) Voces de hoy Publishing House. Miami, and "Hacer Arte con Palabras" (2019) Art Emporium, Miami. Her books can be found on Amazon and on her website lidicemeglapoetry.com

Néstor Dámaso del Pino, artista autodidacta con más de 60 exposiciones (entre individuales y colectivas), en España, Grecia, Rep. de Moldavia, Rumanía, EEUU... Miembro de la UNION OF WORLD CARTOONISTS, de FECO España y de la AEC (Asociación Española de Caricaturistas). Presidente de la Asociación Canaria de Humoristas Gráficos y Caricaturistas.
Sus más de 80 retratos, forman parte del patrimonio de sesenta casas-museo, fundaciones, consulados, e instituciones culturales y deportivas en España, Portugal, Italia, Rumanía, Grecia, Cuba y EEUU. Ha obtenido diversos galardones en países como Rumanía y Moldavia.

ÍNDICE

5   DEL VERBO Y SUS POROS
Héctor J. Rodríguez

31   EL LUGAR DONDE NO SE DEBE VOLVER
Juan Calero Rodríguez

63   ON THE VERB AND ITS PORES
Héctor J. Rodríguez

89   THE PLACE WHERE YOU SHOULD NOT
RETURN
Juan Calero Rodríguez

121 Lidice Megla/Néstor Dámaso del Pino

Printed in Great Britain
by Amazon

70201963R00076